Retrouvez toute notre collection sur :
www.quellehistoire.com

La collection Hera

pour tout connaître des grands mythes et légendes

À découvrir également

dans la collection Histoire junior

Quelle Histoire

Édition et conception : Quelle Histoire SAS. 22, Villa de Lourcine 75014 Paris
Illustrations : Bruno Wennagel, Mathieu Ferret
Textes : Patricia Crété

Siège social : 22, Villa de Lourcine 75014 Paris
© Quelle Histoire, Paris, 2015, tous droits réservés
www.quellehistoire.com
contact@quellehistoire.fr

Fabriqué par Labelfab / Imprimé en France par Stin Imprimerie - Toulouse

Dépôt légal avril 2015

Loi n°49-956 du 16 juillet 1949 sur les publications destinées à la jeunesse

 PEFC 10-31-2841

Saint Louis

L'enfance d'un prince

L ouis naît à Poissy le 25 avril 1214. Il est baptisé peu après dans la collégiale Notre-Dame, une église que l'on peut encore visiter. Fidèle à sa ville natale, il signera plus tard ses lettres officielles : « Louis de Poissy ». Enfant, il passe beaucoup de temps avec son grand-père Philippe Auguste, qui est l'un des plus grands rois de France. Son père, le futur Louis VIII, lui donne l'éducation d'un prince pour qu'il puisse un jour lui succéder.

1214 - 1226

Le sacre de l'enfant roi

Son père, Louis VIII, meurt très tôt et le 29 novembre 1226, c'est un jeune héritier de 12 ans qui pénètre dans la cathédrale Notre-Dame de Reims pour y être sacré roi, comme tous ses ancêtres. Sur le chemin, l'adolescent a été adoubé, c'est-à-dire qu'il a été fait chevalier. Il promet de faire respecter la justice, protéger les femmes et les enfants, aimer son pays et défendre l'Église, ce qui est très important à cette époque. Devant les évêques, il prête serment, s'engage à protéger son peuple, il est frotté avec une huile sainte puis reçoit les insignes royaux : le sceptre, la couronne et l'épée.

1226

Le pouvoir de la reine mère

Le roi étant trop petit pour gouverner, sa mère Blanche de Castille règne à sa place. Ce qui ne plaît pas forcément aux nobles qui se révoltent parfois. Mais Louis IX grandit. Il se montre un excellent roi-chevalier quand il faut guerroyer, ce qui provoque le ralliement des révoltés. Ce jeune homme, grand, mince, blond et courtois, épouse à sa majorité Marguerite de Provence. Ils auront ensemble 11 enfants. En 1236, il dirige seul le royaume.

1226 - 1236

Un roi très chrétien

Louis passe des nuits entières à prier ; il jeûne et, parfois, lave les pieds des pauvres. Il achète les reliques de la crucifixion de Jésus, comme la couronne d'épines ou un morceau de la croix, et fait construire, à Paris, la Sainte-Chapelle pour les abriter. Mais il se montre très dur aussi avec ceux qui ne sont pas des chrétiens : en 1244, à Montségur, il ordonne l'attaque du château où résistent les derniers cathares.

———

1244

Le roi croisé

Louis IX, accompagné de 25 000 hommes et de centaines de chevaux, embarque le 28 août 1248 à Aigues-Mortes pour la septième croisade. En 1249, il connaît sa première victoire à Damiette, en Égypte. Mais l'année suivante, les croisés, malades et affaiblis, sont battus par les guerriers mamelouks. Le roi est fait prisonnier puis libéré contre une forte rançon. Sa mère, à qui il a confié le royaume, meurt. Il doit retourner en France et arrive à Paris le 7 septembre 1254.

———

1248 - 1254

Le roi de justice

Au pied d'un chêne du bois de Vincennes, non loin de son château, le roi rend la justice, l'été, après la messe. « Tous ceux qui avaient affaire venaient lui parler... », raconte un témoin. Louis met en place des enquêteurs royaux pour faire respecter les lois, protéger les femmes, et généralise, en 1256, la Grande Ordonnance. Cela oblige tous les représentants du roi à rendre une justice équitable, ce qui est très nouveau à l'époque.

1256

Le roi bâtisseur et organisateur

Louis suit les traces de sa mère qui, dès 1229, avait fait construire des monastères comme l'abbaye de Royaumont. Le roi y fait d'ailleurs plusieurs séjours au cours desquels il échange avec les moines. En 1257, il fonde le collège de la Sorbonne pour les étudiants pauvres. Plus tard, il construit des hospices pour les malades, comme les Quinze-Vingts ou l'Hôtel-Dieu à Paris. On lui doit aussi l'édification de la Sainte-Chapelle et la fortification du port d'Aigues-Mortes. Le royaume est complètement réorganisé, Louis crée le Parlement pour discuter des lois et met en place la première monnaie unique. Sous son règne, le royaume de France est le plus riche d'Europe.

———

1257

L'arbitre de l'Europe

Louis utilise tour à tour la guerre et la diplomatie pour pacifier l'Europe et agrandir son royaume. Le traité de Paris, en 1259, instaure la paix entre la France et l'Angleterre, cette dernière renonçant définitivement à la Normandie, la Touraine, l'Anjou, le Poitou et le Maine. Le royaume de France devient l'État le plus peuplé et le plus riche d'Europe, même si le comté de Provence lui échappe toujours malgré son mariage avec Marguerite.

1259

La mort du roi

Le 14 mars 1270, avant de partir pour la huitième croisade, Louis se rend à l'abbaye de Saint-Denis chercher le bâton traditionnel de pèlerin et l'oriflamme (l'étendard). Son but : convertir au christianisme le sultan de Tunis. Les croisés remportent une victoire facile à Carthage le 24 juillet mais sont victimes d'une épidémie de typhus. Le roi Louis IX en meurt, à Tunis, le 25 août 1270. Ses funérailles officielles se déroulent à Saint-Denis l'année suivante.

1270

La canonisation

De son vivant, on raconte déjà que Louis fait des miracles, guérissant les écrouelles, des plaies dues à une maladie infectieuse. Après sa mort, les miracles continuent. On demande donc la canonisation du roi, c'est-à-dire qu'il soit reconnu « saint » par l'Église catholique. Les enquêtes religieuses sont longues. Finalement, le pape Boniface VIII, le 11 août 1297, officialise la canonisation de Louis IX qui sera dorénavant connu sous le nom de « Saint Louis de France ». On fête la Saint-Louis tous les 25 août en France.

───────

1297

1200

1214
Naissance
de Louis
à Poissy.

1228
Révolte
des barons

1241
Louis IX achète
les reliques
de la Passion
du Christ.

1248
Inaugurat
et consécra
de la
Sainte-Chap

1226
Sacre
de Louis IX
à Reims.

1234
Mariage de
Louis IX avec
Marguerite de
Provence dans
la cathédrale
de Sens.

1244
Bûcher
de Montségur
et mort
des derniers
cathares
du Languedoc.

1248
Louis I
embarq
à Aigues-M
pour l
7e crois

1253
La Grande ordonnance (judiciaire) est proclamée et s'applique à tout le royaume en 1256.

1259
Traité de Paris entre Louis IX et Henri III d'Angleterre

1270
Départ de Louis IX pour la 8e croisade.

1297
Canonisation. Louis IX devient Saint Louis.

1300

1257
Fondation du collège de la Sorbonne.

1269
Louis IX impose le port de la rouelle (signe distinctif) aux juifs.

1270
Mort du roi Louis IX.

Le royaume de France

Légende de
LA CARTE

 1 **Poissy (Yvelines)**

Résidence royale depuis le IXe siècle, la ville comptait deux châteaux (disparus aujourd'hui) et une collégiale (toujours debout) dans laquelle Louis IX fut baptisé. Après sa mort, une abbaye fut fondée en son honneur.

2 **Aigues-Mortes (Gard)**

Ce port de Méditerranée est aménagé par Louis IX qui l'entoure de remparts avec bastions, tours et portes. C'est de là qu'il embarque avec ses hommes pour la septième et la huitième croisade.

3 **Sainte-Chapelle (Paris)**

Construite par Louis IX pour abriter les saintes reliques, elle présente en fait deux chapelles : la basse, réservée au culte paroissial ; la haute, avec ses magnifiques vitraux, abritait les précieuses reliques.

 **4** **Cathédrale de Reims (Marne)**

Il ne demeure de l'édifice originel que la crypte et l'emplacement de l'autel. La cathédrale actuelle date du XIIIe siècle, mais depuis plus de quinze siècles, les sacres des rois de France, dont celui de Louis IX, s'y sont déroulés.

5 **Basilique Saint-Denis (Seine-Saint-Denis)**

Nécropole royale depuis Clovis, la basilique abrite les tombeaux de 43 rois de France (dont celui de Louis IX), 32 reines et 63 princes et princesses, décorés souvent de gisants représentant la personnalité allongée.

6 **Abbaye de Royaumont (Val d'Oise)**

L'abbaye royale, fondée par Louis IX et sa mère, est un haut lieu cistercien. On peut y visiter aujourd'hui l'église, le cloître, la sacristie, le réfectoire et la cuisine, tout en imaginant le roi de France priant dans ce lieu sacré.

Les portraits

Blanche de Castille
(1188-1252)

La mère du futur Louis IX est une femme
de caractère, très pieuse, qui sait diriger
le royaume lorsque son fils est trop jeune
pour régner ou pendant qu'il est parti
en croisade.

Marguerite de Provence
(1221-1295)

Elle épouse Louis IX le 27 mai 1234
et lui restera fidèle toute sa vie.
Elle l'accompagne à la septième croisade
en Égypte où elle accouchera de trois
de leurs onze enfants.

Robert de Sorbon

(1201-1264)

Théologien réputé, chapelain du roi
Louis IX, il fonde vers 1257 un collège pour
les étudiants pauvres et lui donne son
nom : la Sorbonne qui devient l'une des
plus grandes universités au monde.

Charles d'Anjou

(1227-1285)

C'est le plus jeune frère de Louis IX.
Il l'accompagne à la septième croisade.
Ce prince ambitieux réussit à devenir roi de Sicile,
roi de Naples et roi de Jérusalem, un royaume
méditerranéen qui ne lui survivra pas.

Le Jeu du
CHERCHE & TROUVE

Cherche et trouve les éléments suivants dans le décor de droite :

Saint Louis

Le moine

Le chevalier croisé

Le guerrier à la lance

Le guerrier au poignard

La femme à la jarre

L'os

Le chat

Le nageur

Le singe

Le perroquet vert

Le perroquet rouge

Le perroquet bleu

Le chapardeur

Le casque

L'épée

Le bouclier

Le coffre

L'étendard

Le manuscrit

Trouve les 7 différences entre l'image de gauche et l'image de droite.

Aide Saint Louis à trouver le chemin de la fleur de lys.

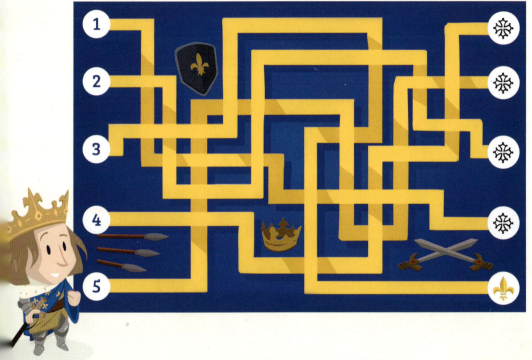

Solution : le bon chemin est le chemin numéro 3.

Retrouve la bonne ombre de Saint Louis.

a.

b.

c.

d.

e.

Le Jeu du
QUIZ

1. À quel âge le jeune Louis fut sacré roi de France ?

a. À 10 ans
b. À 12 ans

c. À 18 ans
d. À 25 ans

2. Dans quelle ville la Sainte-Chapelle a été construite ?

a. Arras
b. Reims

c. Paris
d. Chartres

3. Parmi ces bâtiments, lequel n'a pas été construit par Saint Louis ?

a. L'abbaye de Royaumont
b. La Sorbonne

c. L'Hôtel-Dieu
d. L'abbaye de Saint-Denis

Les beaux livres Quelle Histoire

Les succès de Quelle Histoire adaptés dans un format de qualité.

À découvrir sur :

www.quellehistoire.com

L'encyclopédie des personnages Quelle Histoire

Les plus grands personnages de l'Histoire réunis dans un livre inédit.

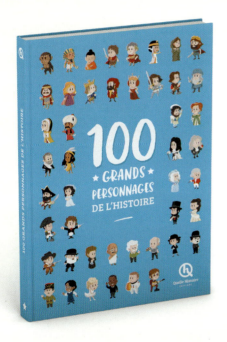

À découvrir sur :

www.quellehistoire.com